LA LITHOGRAPHIE EN COULEURS

ANDRÉ MELLERIO

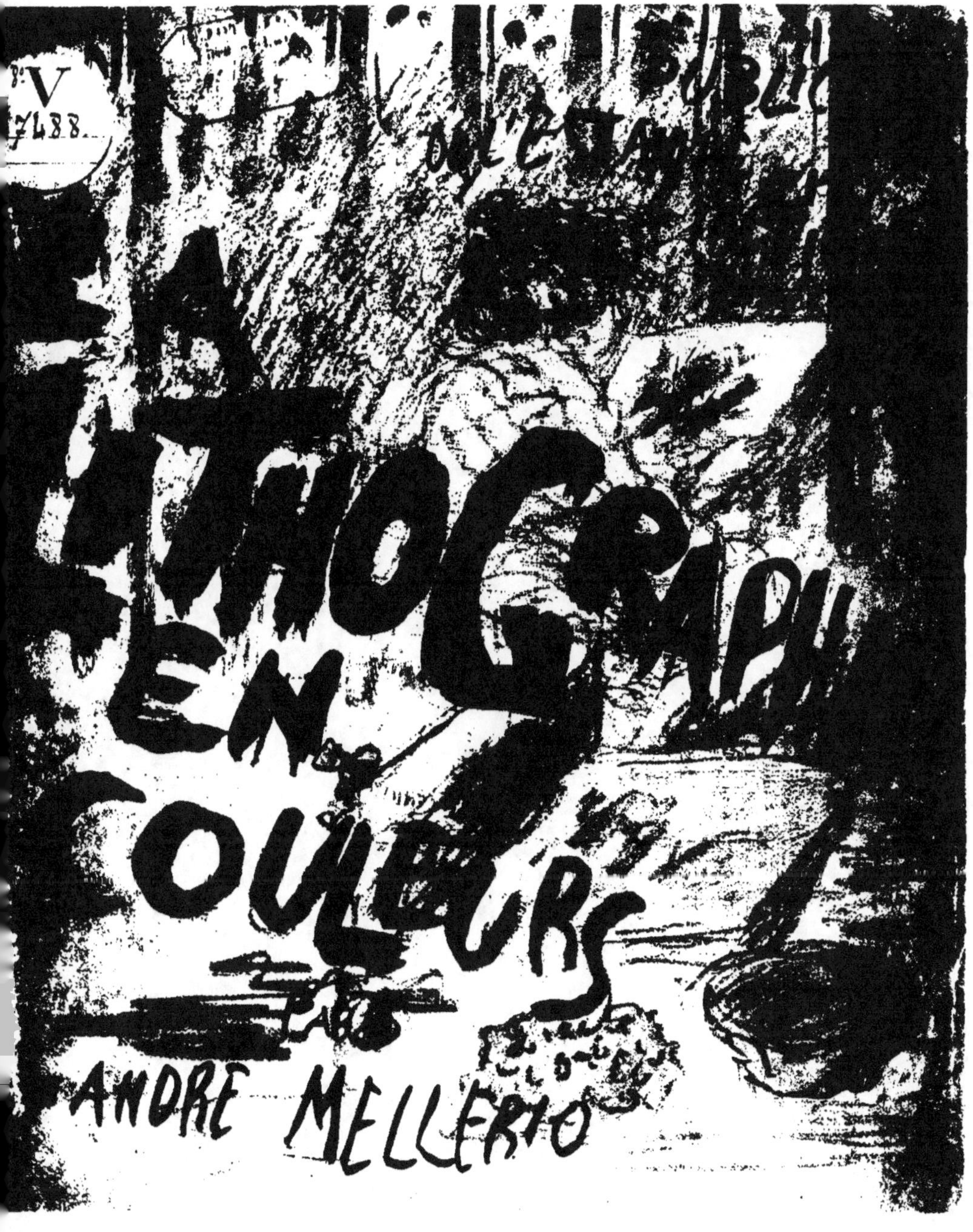

LA LITHOGRAPHIE ORIGINALE

EN COULEURS

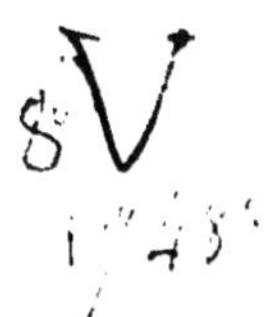

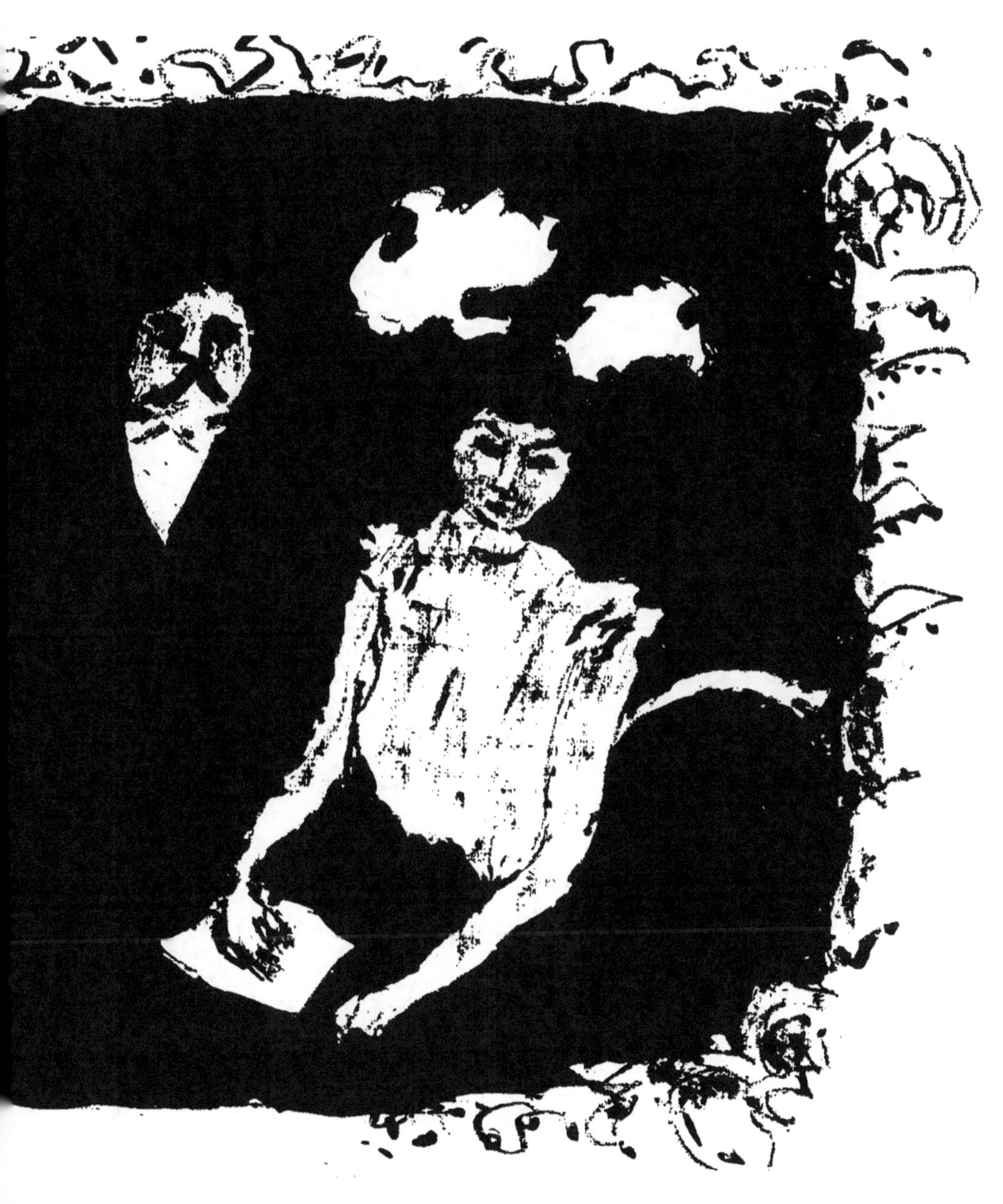

ANDRÉ MELLERIO

LA

LITHOGRAPHIE ORIGINALE

EN COULEURS

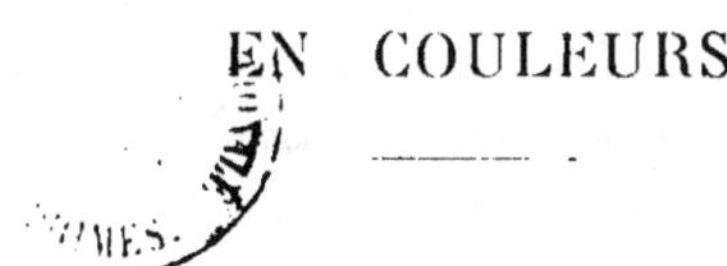

COUVERTURE ET ESTAMPE

DE PIERRE BONNARD

PARIS

PUBLICATION DE *L'ESTAMPE ET L'AFFICHE*

50, RUE SAINTE-ANNE, 50

1898

Cette édition a été tirée à mille exemplaires, dont deux cents, numérotés, sur papier de Hollande, et huit cents, sur papier vélin.

La Lithographie Originale

EN COULEURS

I

L'Estampe lithographique en couleurs et le moment. — La place qu'elle occupe dans l'histoire de la lithographie. — Ses origines immédiates. — Sa légitimité. — Son importance actuelle.

L'ESTAMPE lithographique en couleurs, depuis quelques années a fait un chemin et tient une place qui lui méritent, à juste titre, l'attention du public. Il semble même que ce soit à l'heure présente le moment psychologique de parler d'elle. D'une part, en effet, un nombre suffisant de documents a été produit pour constituer réellement un mouvement, avec ses tendances caractéristiques. D'autre côté, l'élan n'est point terminé, et même, selon nous, n'a pas atteint son apogée. Si donc on ne peut porter à son égard comme sur une chose parachevée un jugement absolu, en revanche les considérations exposées peuvent être de quelque utilité à son dirigement, et influencer ses résultats définitifs.

Pourquoi, nous objectera-t-on, se restreindre ici à la lithographie originale en couleurs? D'abord de personnelles recherches nous y amenaient, un certain nombre d'articles disséminés au cours d'une année (1), et qui dans cette brève étude vont essayer de prendre corps, sans prétendre toutefois à une complète vue d'ensemble. Puis une conviction découlant de l'examen des faits : c'est que dans la présente période de fermentation où l'estampe fait effort, se renouvelle et produit abondamment, la gravure polychrome accomplit, à nombre de points de vue divers, une fonction particulièrement marquante. Il semble notamment que la lithographie originale en couleurs n'ayant point existé autrefois dans les conditions où récemment nous l'avons vue éclore, ne soit la production d'art spéciale de notre époque.

Quelle a été la destinée de la polychromie dans l'histoire de la lithographie? (2) Constatons qu'elle en a fait partie dès les débuts presque, qui ne datent que du commencement de ce siècle. Les premiers essais par la couleur, timides encore, étaient simplement destinés à servir de documents à l'archéologie. Ce ne fut que par la suite, et en perfectionnant, qu'on essaya de reproduire des œuvres d'artistes. Mais, il fallait compter avec l'encrage, le repérage, le tirage — tout un métier assez compliqué. En outre le travail de l'imprimeur venait modifier encore, s'interposait entre le modèle et sa restitution. C'est en somme ce qu'on a appelé la chromolithographie avec tout ce que ce mot comporte d'efforts et d'heureuses réussites techniques, mais aussi — il faut bien le dire — mitigés d'un je ne sais quoi indélébile d'antiartistique. En réalité, quelle que soit sa perfection, simplement un mode de repro-

(1) Nous nous sommes occupé en effet spécialement, en 1897, dans la Revue l'*Estampe et l'Affiche*, de tout ce qui regardait la lithographie et la gravure en couleurs.

(2) *La Lithographie*, par Henri Bouchot, bibliothécaire au Cabinet des estampes de la Bibliothèque Nationale, Paris, Librairies-Imprimeries réunies.

Ce livre, forcément bref, par son but de faire partie de la Bibliothèque de l'Enseignement des Beaux-Arts, donne un résumé très clair des fluctuations de la lithographie depuis sa naissance jusqu'à nos jours. On y trouve d'utiles renseignements documentaires. Quant au mouvement nouveau, il est étudié sinon avec une sympathie indulgente, du moins avec une curiosité très éveillée.

duction par un manœuvre plus ou moins adroit, avec un procédé plus ou moins accompli, d'une œuvre originale, conçue
souvent à un tout autre point de vue...

En se reportant moins lointainement, à seulement quelque quinze
ans en arrière, deux artistes ont pu marquer une ère prodro-
matique. L'un, Manet, révolutionnaire dans l'estampe comme
ailleurs, fit son *Polichinelle,* d'un coloris vif et gai, sans être
brutal ni chargé, présageant un nouveau mode. De même, John-
Lewis Brown sur la fin de sa vie s'intéressa à la lithographie en couleurs. Ses œuvres sont peu nombreuses, la coloration en est timide,
le travail du noir trop visible, mais la tache que forme le ton et
son nuancement, distancent la vulgaire reproduction. Cependant
ces essais n'ont encore rien de décisif.

Que si en présence du mouvement actuel ou nous demande quelle
fut la ligne de démarcation qui, franchie, fit pénétrer la chromolithographie dans le domaine de l'art original, — nous n'hésiterons
pas à la proclamer dans l'effort de Chéret. Le rénovateur de l'affiche, ou plutôt son véritable créateur au point de vue moderne, a
non seulement réalisé une œuvre personnelle, il a encore exercé
une large et retentissante influence. Cette diaprure élégante qui
réjouissait nos murs, poussait à l'enfantement de formes origi-
nales en même temps qu'aux clartés gaies d'une gamme chantante
et lumineuse. L'estampe, en ses recherches actives, désireuse de
régénération, s'en est évidemment ressentie. L'affiche de Chéret lui
ouvrait une voie neuve — elle s'y est engagée.

Deux influences semblent avoir déterminé encore le mouvement
vers la couleur. D'une part l'école dite impressionniste avec son
décrassement de palette, sa vision plus claire et plus limpide,
renouant chez certains artistes, Renoir par exemple, avec la tradi-
tion de notre XVIIIe siècle français. Cette peinture éclatante s'in-
filtrant jusqu'aux couches les plus profondes et les plus sombre-

ment attardées du Salon officiel. Joignez-y l'art Japonais qui, récemment introduit, et sans cesse représenté plus abondamment, pouvait être enfin étudié et plus pleinement goûté. Là, sous une forme très définitive avec des aspects variés et séducteurs en ses curieux tirages, triomphait l'estampe en couleurs.

Or, cette gravure moderne, sur quoi rompait-elle avec la vieille et banale chromolithographie, à tel degré qu'il faut chercher aujourd'hui à la première un nom qui la distingue? Précisément en les points essentiels où se libérait et se créait l'œuvre de Chéret. A savoir, non plus la reproduction *fac-simile* d'un original quelconque en couleurs, mais une conception propre, une tendance à se réaliser en soi et pour soi. C'est-à-dire qu'une inspiration d'artiste se mariait d'avance à une technique et s'exprimait directement dans le procédé choisi d'exécution. Ce principe, appliqué victorieusement par Chéret à l'affiche que sa nature et sa destination rendent spéciale, d'autres allaient l'étendre à l'estampe, dont les conditions diffèrent à certains égards. Alors la lithographie originale en couleurs naissait, et simple feuille de papier auquel des moyens mécaniques procuraient le bénéfice de l'innombrabilité des exemplaires, elle atteignait une réelle valeur d'art.

Mais il importe de vider immédiatement une question préalable, dont l'importance éclate, et d'où dépend que cet effort n'apparaisse point vicié à sa base même. Nous voulons dire, quelle est la légitimité de l'estampe en couleurs? Faut-il la considérer simplement comme une incursion usurpatrice et diminuante dans le domaine de la peinture? Ou bien, au contraire, a-t-elle une essence intrinsèque, et son champ d'action particulier? (1)

(1) Le débat est actuellement soutenu avec vivacité et passion de part et d'autre.

M. Henri Lefort, président de la Section de gravure et de lithographie à la Société des artistes français, a présenté au Comité des 90, le 24 janvier dernier, un rapport motivant la non-admissibilité des gravures en couleur au Salon. Il y est dit que « par ses principes

Nous penchons résolument pour cette dernière affirmative. Et nous laissons aux ergoteurs le soin de distinguer la plus ou moins réelle prééminence d'un genre sur un autre. Mais le droit à l'existence de l'estampe en couleur ressort de ce principe que nous considérons comme un axiome : tout mode de procéder où un artiste trouve à s'exprimer, est par là même légitime. Or, on ne saurait nier qu'il n'en soit ainsi de la lithographie en couleurs. Et pour la présente époque, nous irons plus loin : non seulement elle a été heureusement utilisée par nombre d'artistes, mais il semble que certains puissent la revendiquer plus hautement, comme leur principal sinon unique mode d'expression.

Que si passant de la question de droit à la question de fait, nous examinons quel domaine s'est arrogé la gravure en couleurs,

essentiels, ses origines et ses traditions, l'art de la gravure est, sans contredit, l'art du *Noir et Blanc*. C'est la dénomination classique qui lui est attribuée ».

M. Charles Maurin, peintre-graveur, riposte par un article virulent dans le *Journal des Artistes*, du 20 mars 1898. « Il importe, peut-être, de s'élever contre les prétentions de M. Lefort. En le faisant, nous sommes certains d'être les interprètes des nombreux graveurs qui, depuis dix ans, ont donné un nouvel essor à l'estampe originale française, que M. le président classe sous l'étiquette dédaigneuse et enfantine : « L'Image en couleurs ».

M. Thiébault-Sisson semble partager l'opinion de M. Lefort : « Les peintres-lithographes à mon humble avis..... se perdent trop souvent dans des recherches d'effets qui ne sont pas du domaine de la lithographie ; en particulier, ils sont férus presque tous de la manie de traduire en couleurs leurs élucubrations, et je trouve cette manie déplorable..... Il est impossible de faire rendre à la lithographie en couleurs autre chose que des effets très tranchés, qui font merveilles dans l'affiche, qui agacent l'œil et le malmènent dans une estampe soignée, faite pour le carton de l'amateur ou l'album (*Le Temps*, 5 novembre 1897).

Comme contre-partie vient l'article de M. Roger Marx *Pour la gravure en couleurs*, dans le *Voltaire* du 30 mars 1898. « L'école comtemporaine compte aujourd'hui trop de chromistes éminents pour être, en leur absence, équitablement jugée ; d'autre part cet ostracisme est en contradiction formelle avec les préférences, maintes fois affirmées, des historiens et des amateurs......

L'œuvre des maitres enseigne qu'hier et jadis le bois, et la pierre, et le métal ne se sont jamais refusés à accepter un encrage multicolore ; entre la matière et le procédé, nulle incompatibilité n'existe ».

notamment la lithographie, nous voyons que, vaste déjà, chaque
jour tend à l'agrandir. On pourrait presque répéter à son sujet
ce que nous avancions jadis de l'estampe en général à notre
époque. « Aucun qui n'en ait fait, n'en fasse ou n'en fera » (1). Jusqu'aux artistes d'âge avancé et de carrière glorieuse qui s'y inté-
ressent. Quant aux jeunes, c'est pour eux un véritable instrument
de bataille dont ils usent largement et heureusement. Certains s'y
sont adonnés de cœur dès leurs débuts, y ont trouvé un procédé
commode pour leurs premières notations justes déjà, bien que
souvent sommaires. De jour en jour ils améliorent et complètent
la technique, chacun dans l'aspect propre à son tempérament,
— et le groupement se forme sans cesse plus compact....

Ainsi donc le problème est posé. Avant d'en envisager plus particulièrement les différents aspects et d'en aborder les considérations
générales, il est bon de nous entourer de renseignements qui soient
une base documentaire. Cette enquête, brève d'ailleurs, portera
d'abord sur les principales personnalités d'artistes qui se sont
occupés activement ou même intéressés simplement à la lithographie en couleurs. Quelques mots semblent nécessaires sur les
marchands et les éditeurs, ainsi que sur les imprimeurs. Enfin,
l'indication des principales publications qui ont marqué dans ce
mode de procéder. Alors nous pourrons pénétrer plus à fond la
question, appuyés sur des éléments qui nous aideront à la résoudre,
en même temps qu'ils seront la justification de nos conclusions.

(1) La *Rénovation de l'Estampe,* par André Mellerio. Voir les numéros de l'*Estampe et
l'Affiche* des 15 mars et 15 avril 1897.

II

**Les Artistes. — Éditeurs et marchands. — Les Imprimeurs.
Principales publications.**

LES ARTISTES.

Ce qui frappe tout d'abord dans ce mouvement de la lithographie
en couleurs, c'est, en même temps que le nombre, la diversité des
artistes qui s'en sont occupés. Nous examinerons d'abord ceux qui
semblent avoir eu pour elle un attrait plus personnel et prononcé,
également ceux dont le bagage d'œuvres apparaît abondant. Puis
nous jetterons un coup d'œil sur les artistes qui commencent
ou n'ont donné encore qu'une production incidente.

TOULOUSE-LAUTREC (1).

Toulouse-Lautrec s'impose le premier. Il a puissamment contribué
à créer la lithographie originale en couleurs aussi bien au point de
vue de la conception que comme métier. Son goût personnel et
les circonstances l'ont poussé à se répandre dans un œuvre nombreux.

L'artiste conçoit simplement et nettement — bien en estampe.
Il use du contraste de teintes plates, vigoureusement mises et

(1) Sur Toulouse-Lautrec, ainsi que sur plusieurs des artistes qui suivent : Bonnard,
Ibels, Vuillard, Denis, Roussel, on peut trouver encore des détails dans une étude que
nous avons publiée précédemment : *Le Mouvement idéaliste en Peinture*, par André Mellerio, frontispice de Odilon Redon, Paris, 1896, H. Floury, éditeur, — faisant partie de la
Petite Bibliothèque d'Art moderne.

colorées. Les silhouettes l'attirent également, se détachent significatives, formant toujours un ensemble de lignes. A ces différents points de vue apparaît bien typique l'*Intérieur d'une Imprimerie* qu'il a donné pour l'*Estampe originale* de Marty. Les larges taches de couleurs s'harmonisent et se répondent l'une à l'autre, tandis que le blanc du papier joue un rôle important. Les teintes générales cernées de traits légers, en leur franchise ne sont jamais ni crues, ni criardes. Elles se réchauffent du roux fauve des cheveux de la femme, tandis qu'éclate le carmin des lèvres, qui, sans faire trou dans l'estampe, en assourdit le reste. Ces mêmes qualités se retrouvent dans une scène au Moulin-Rouge, où une femme se rejette en arrière, d'un mouvement de dessin si expressif, tandis que se profile la silhouette violâtre de l'homme en chapeau à haute forme.

Ce n'est plus de l'affiche, ce n'est pas encore complètement de l'estampe, œuvre de saveur hybride participant des deux, ou plutôt si — c'est l'estampe en couleurs moderne. Elle est là véritablement indiquée en ses parties essentielles et caractéristiques que nous retrouverons avec des différences de tempéraments chez les autres artistes. Les délicatesses d'accent de Toulouse-Lautrec — et il n'en manque point — ne viennent pas d'un mièvre et confus mélange de nuances superposées, tant bien que mal fondues. Le travail est énergique ici, là délié, toujours personnel. Opposez une telle estampe à côté d'un chromo, non-seulement il y a la marque d'une inspiration d'art, mais le métier même est une rénovation — disons le mot, une création. C'est que l'aspect général, tout comme les habiletés de détail ne sont plus dûs uniquement à une main d'œuvre apprise et ouvrièrement exécutée. Ce sont essais et trouvailles d'artiste, en quête de s'exprimer directement et le plus complètement possible en un mode qui lui plaît à la fois et lui suffit.

Certes, il est doué pour l'estampe — nous dirons, surtout pour l'estampe, ce Toulouse-Lautrec. Nous l'y préférons même à sa pein-

ture, où il ne semble point aussi à l'aise, dans un métier plus
trituré et moins franc (1). Au point du vue de la lithographie originale en couleurs, son œuvre très caractérisé comme inspiration
et comme mode de procéder, sa science lentement forgée par une
éducation qui lui est propre, l'ont mis justement en principale
vedette.

BONNARD.

Bonnard, peintre fin, dessinateur original, est également doué
au point de vue de l'estampe. Il en possède un sens à la fois personnel et distingué. Sa fantaisie libre, le vivant observé, le piquant
de ses illustrations en noir, d'autre part les effets mats qu'il a
cherchés souvent dans sa peinture l'y prédisposaient. Puis il a
encore, sans velléité aucune d'imitation, un peu de cet amour des
Japonais pour les étoffes quadrillées, à ramages, qui prêtent aux
effets de l'estampe.

L'artiste s'est très heureusement exprimé dans ce mode tout particulier de la lithographie en couleurs. Il y apparaît de conception
affinée en même temps que de métier simple, visant à une harmonie délicate, à un dessin concis très expressif tout en montrant
une grâce d'arabesque. Bonnard a sans cesse réussi, depuis cette
estampe, une des premières et des plus caractéristiques de lui :
Une Mère tenant son Enfant. Sur un fond vert clair se détache
sobrement le quadrillage du vêtement. Presque point de modelé, des
à-plat de couleurs, une grâce du bébé au crâne démesuré, ainsi
que de l'élégance dans ce geste penché de la mère. L'emploi est très

(1) Nous faisions jadis cette remarque au cours d'un article consacré, dans la *Revue
Artistique* (mars 1896), à une exposition importante de lithographies, peintures affiches,
faite par l'artiste chez Manzi.

adroitement fait du blanc du papier dans le bas de la robe de l'enfant. Toutes ces qualités diverses s'unissent pour constituer une très véritable estampe d'inspiration et de facture.

De plus en plus Bonnard a progressé, diversifiant son faire, recherchant une trituration qui lui appartienne. A côté de sa peinture, il aime réellement l'estampe pour elle-même. Artiste ingénieux et d'une sensibilité native, après ce qu'il a produit déjà, les travaux qu'il poursuit encore en ce moment le font contribuer, pour une part importante, au mouvement de la lithographie en couleurs.

IBELS (H.-G.).

Ibels est plus violent. L'opposition des couleurs crues ne lui répugne pas. Il les manie hardiment, presque brutalement, cependant il garde une harmonie. Ses personnages sont campés avec naturel, d'une silhouette vigoureuse, parfois un peu sommaire. Tel nous constatons l'artiste dans la série de ses programmes pour le *Théâtre libre*, sa suite de *L'Amour s'amuse*, et divers titres de Romances, principalement pour *Mevisto*. Citons comme mémoire les lithographies monochrômes pour illustrer la *Terre*, de Zola.... Le tempérament d'Ibels, fait de spontanéité, possède une franchise nette, parfois point assez approfondissante. Ces qualités et ces défauts de sa personnalité se retrouvent dans son estampe en couleurs comme dans sa peinture. A une observation directe et vraie il joint de la bonne humeur, un entrain facile et fécond.

Et parfois il nous est arrivé de penser ceci. Une estampe populaire — c'est-à-dire des lithographies en couleurs, d'un tirage propre, à grand nombre d'exemplaires, très bon marché, reproduisant des scènes où le bon populo pourrait vraiment se retrouver. Tout ce qui l'amuse d'une grosse joie, ou le fait vibrer d'une grosse émotion : le cirque, la foire, le pioupiou, le café-concert, la note

comique ou sentimentale. Et il nous semblait qu'avec son tempérament natif, Ibels pourrait accomplir cette tâche correspondant à
son inspiration primesautière, à son faire simpliste et fortement
coloré.

**VUILLARD (Édouard). — DENIS (Maurice).
ROUSSEL (K.-X.).**

Trois artistes qu'il faut joindre aux précédents comme ils l'ont
fait dans mainte exposition tentée côte à côte.

Vuillard est un esprit finement et solidement doué tout ensemble.
Peintre dans l'essentielle acception du mot, il est doublé d'une
extrême sensibilité. Il le prouve aussi bien dans ses essais mats sur
carton, que dans ses récents tableaux à l'huile plus transparents. Un
sens d'artiste très juste lui fait apprécier vite sa matière, ce qu'on
doit et ce qu'on peut en tirer. C'est ainsi que dans l'estampe lithographique, après quelques tâtonnements de début il est arrivé à des
résultats caractéristiques comme ces deux pièces faites pour les
albums de Vollard. Des linéations emmêlées ou parallèles, certaines silhouettes nettes de tournure, des taches joliment colorées
et opposées avec équilibre, procurent aux estampes de Vuillard,
en même temps qu'un cachet qui leur est propre, une valeur d'art
qui les met dans un ordre technique différent en équivalence de
ses œuvres peintes.

Maurice Denis, dans ses premières lithographies en couleurs,
semble n'avoir recherché d'abord qu'une rapide et délassante
échappée à sa peinture. Il y a non *fac-simile*, mais traduction en une
gamme différente plus atténuée de certaines de ses toiles : ainsi les
Pèlerins d'Emmaüs. Cette pièce et une autre : *Jeune fille à sa toilette,*
sont malheureusement d'un tirage qui a trahi l'artiste. La peinture
de Maurice Denis, visant principalement à la décoration avec son
modelé peu apparent, le souci des accords larges en tons quasi

plats, semble plus que toute autre propice à favoriser une conception rationnelle de l'estampe. Dans le dernier album de Vollard, il
y a un effort plus particulier de l'artiste vers l'appropriation de la
pierre. On doit mentionner de lui une illustration délicate, de
teintes très sobres, de lignes élégantes, pour le *Voyage d'Urien* (1).
Les qualités de Maurice Denis au point de vue décoratif, son vou-
loir d'artiste, sa progression intellectuelle et de métier en peinture,
font bien augurer de lui pour un procédé où il semble très apte à
s'exprimer.

De K.-X. Roussel, une simple lithographie en couleur — *Paysage*.
Malgré quelques hésitations, il y a une réelle compréhension
de l'estampe, — on vérifie un sens délicat des tonalités, une façon
claire et très personnelle de se servir d'une gamme franche par
petites touches où se mêle le blanc du papier, donnant une grande
lumière. Ce n'est qu'un débutant dans l'ordre qui nous occupe, mais
il y travaille beaucoup en ce moment. Donc un artiste qu'il faut
retenir et duquel certainement nous aurons à voir par la suite
d'intéressantes œuvres.

LUNOIS.

Lunois est un praticien, qui connaît la pierre à fond. Il a fait
jadis de la reproduction. Mais dans la gravure originale, principalement la lithographie en couleurs, il s'est taillé depuis une
place importante par ses œuvres abondantes et variées.

Disons que ce métier qui lui sert, le gêne en même temps. Il l'a
parfois tant dans la main qu'il s'en embarrasse, ne sait pas rester
suffisamment dégagé. Le travail en noir apparaît trop entier sous
la couleur, avec laquelle il ne se marie qu'après coup. Or il nous

(1) *Le Voyage d'Urien,* par André Gide — Maurice Denis. Paris, Librairie de l'Art Indé-
pendant. 1893. Tirage à 300 exemplaires numérotés.

semble qu'on ne doive pas saisir, même soupçonner qu'il y ait eu un moment où la conception de l'estampe en blanc et noir ait pu être complète en la pensée de l'artiste, pour s'attifer ensuite par un nouvel effort différent, d'une surcharge colorée. On ressent alors un je ne sais quoi ne faisant pas corps directement avec l'inspiration primitive, un manque d'unité dans l'œuvre.

Et cependant Lunois a eu parfois des rencontres heureuses de tons, ainsi dans ses danseuses espagnoles, une de ses œuvres les plus connues. Certaines, d'un travail soigné, se rapprochent trop, un peu froides, de l'aspect chromo. Mais il faut constater que dans les dernières estampes pour sa suite tauromachique, actuellement en cours, l'artiste marque un allégement dans son faire, un usage plus clair et plus net du papier, le souci d'un accord de teintes larges, une simplification du travail en noir.

Le soin consciencieux de Lunois, son savoir technique, ses progrès récents le désignent comme capable d'exercer un réelle influence, d'autant plus qu'il est fécond de production, sur le mouvement de la lithographie en couleurs.

RIVIÈRE (Henri).

M. Rivière fit jadis des illustrations pour ses ombres chinoises : *La Marche à l'Étoile*, *L'Enfant prodigue*. Ce sont des teintes sobres de brun et de bleu, des silhouettes se détachant avant tout sur les fonds, ressouvenir du but initial. En revanche, il est une partie de ses œuvres où l'artiste semble avoir donné une note personnelle d'ordre tout particulier. Nous nous exprimions ainsi à propos d'une exposition qui en fut faite récemment (1).

M. Henri Rivière a produit « une série d'estampes décoratives,

(1) Exposition d'Estampes décoratives en couleurs d'Henri Rivière (Imprimerie Eugène Verneau) au Théâtre-Antoine, janvier-février 1898.

justement dénommées ainsi. Leurs dimensions, leur but d'être appliquées au mur et encadrées pour l'ornementation de nos intérieurs en font autre chose que la pièce de collection destinée au carton...

Ce qui frappe de prime aspect chez M. Rivière, c'est un sentiment très vrai de la nature réelle, en même temps qu'un sens harmonique de l'organisation des lignes et des tons. De là une mixte impression rappelant, si l'on y ajoute l'emploi des teintes plates, la saveur des estampes japonaises, mais sans aucune velléité de plagiaire copie. Les colorations de M. Rivière appartiennent bien de par leur gamme adoucie, à une vision d'occidental. Il se préoccupe moins de l'arabesque pure, et sa simplification si poussée qu'elle soit, ne s'abandonne point aux déformations de la fantaisie... Il faut reconnaître que l'artiste tire toujours le parti le plus adroit du décor que forme le paysage, tout en lui laissant sa poésie.

Notons encore le grand soin et la perfection du tirage...

M. Rivière nous semble avoir, dans cette tentative heureuse, concilié les exigences pratiques et celles du goût. N'est-ce pas là une réalisation effective de ce fameux art usuel dont on nous rebat tant les oreilles, et dont les productions si souvent ne joignent à un manque d'originalité vraie que la complication d'une incommodité péniblement cherchée. »

DULAC.

M. Dulac tranche parmi ses contemporains, justement parce qu'il a été moins en avant que certains d'entre eux. A-t-il cherché, comme Toulouse-Lautrec, Bonnard, Vuillard, un aspect nouveau de l'estampe en couleurs? Non, peut-on répondre. Seulement, du procédé toujours vulgaire du chromo il a su élever le niveau. Il en a affiné l'aspect par un usage personnel, plus distingué. Ses lithographies tiennent du crayon de couleurs, du lavis, le dessin en est parfois hésitant. Néanmoins l'artiste arrive à un réel effet. C'est que l'effort du sentiment, l'émotion interne vraiment ressentie, s'y trouve. Elle s'exprime douce, en harmonie avec la gamme faible, un peu passée, où il se tient. Le travail en noir est souvent apparent, le nombre total des différentes couleurs trop subi. Ce qui le prouve, semble-t-il, c'est que certaines épreuves d'essais, où toutes les teintes n'y sont point encore, se montrent parfois supérieures aux définitives.

Dulac, outre qu'il a fait montre d'une personnelle sensibilité, dans une gamme sienne, et originalisé un procédé banal, a encore le mérite de donner des tirages soignés.

DE FEURE. — HERMANN PAUL. — WEBER. — JEANNIOT.

De Feure s'est exercé abondamment dans la lithographie en couleurs. Il y a cherché et travaillé en divers sens. La manière qui parait lui être plus personnelle et le caractériser, se retrouve dans la série sous ce titre : *L'Amour libre*. Des tons plats, mais de coloris monté, s'enferment dans des lignes soucieuses de l'arabesque et produisent un arrangement d'ensemble.

Hermann Paul également s'est servi avec adresse des aspects multiples de la lithographie en couleurs. Il est familier avec les petites ressources du métier : crachis, teintes plates, estompages ou taches franches. A côté du mérite habituel d'observation et du sens caricatural de l'artiste, il y a des recherches personnelles indiquant qu'il se complaît dans le procédé choisi. Certaines de ses pierres montrent une notation un peu crue mais réelle des tons.

Weber lui aussi a de la diversité dans ses estampes : certaines claires, d'autres plus foncées. Ces dernières semblent davantage lui être typiques. Le travail est très poussé, seulement se rehaussant par endroits de quelques teintes.

On peut dire presque même chose de Jeanniot. Plutôt des lithographies, d'un crayon consciencieux d'ailleurs — faites d'après sa peinture, et nuancées après coup. De là une série d'opérations qui ne sont guère pour faciliter l'expression directe d'une émotion ressentie et donnent à ses estampes un air chargé. Jeanniot, artiste sérieux mais un peu lourd et sombre en ses toiles, reste le même dans la lithographie en couleurs.

CHÉRET. — STEINLEN. — GRASSET.

Trois noms connus de l'affiche. Steinlen en outre comme dessinateur, et Grasset dans la décoration. Au point de vue spécial de la lithographie en couleurs qui nous occupe en ce moment, nous avons peu à glaner parmi leurs œuvres.

Chéret, rénovateur incontesté et maître de l'affiche, n'a point fait à proprement parler d'estampes. Mais s'en rapprochent certaines couvertures de livres, ou vignettes de prospectus, quelques affichettes. On y retrouve les qualités d'entrain et de frais coloris de ses œuvres murales, dont ce sont en quelque sorte des réductions. Quant à l'influence réelle et très large qu'a, selon nous, exercée Chéret sur le mouvement de l'estampe en couleurs, nous l'avons signalée dès le début de cette étude.

De Steinlen également, — bien que par contre ses lithographies en noir soient abondantes et intéressantes, — l'apport est peu nombreux. Nous mettons de côté la production courante dans des journaux quotidiens, matériellement défectueuse et ne pouvant prétendre à un tirage convenable. L'artiste s'est tenu çà et là dans son œuvre à des teintements légers, ainsi cette affichette pour les chansons de Delmet, rehaussée de bistre. Mais Steinlen est un esprit très adroit, d'inspiration variée et de production féconde, il est très probable qu'il consacrera, dans l'avenir, une bonne portion de ses travaux à la lithographie en couleurs, qui semble devoir être commode à son tempérament.

Grasset a fait un certain nombre d'affiches de petits formats, voisinant l'estampe. De lui, une véritable lithographie en couleurs, la *Morphinomane*, dans l'album Vollard. Elle manque un peu de légèreté comme tons et comme sujet. Cependant, Grasset par son instinct et sa science de décorateur, son application maintes fois répétée avec succès de la polychromie au papier, soit dans l'affiche, soit dans l'illustration, semble appelé à s'intéresser davantage à la lithographie en couleurs.

LUCE. — SIGNAC. — CROSS.

Les pointillistes se sont essayés dans l'estampe et l'on peut dire qu'ils y ont réussi en une certaine mesure. Sans recommencer ici le procès maintes fois vidé ailleurs (1) de leur mode outrancier, — on constate que dans la lithographie en couleurs comme en peinture, le procédé bénéficie d'une harmonie d'ensemble, ainsi que d'une clarté particulière de coloration. En outre, dans l'estampe le blanc du papier réapparaissant à travers les segments de tons, fait circuler de l'atmosphère et donne de la légèreté.

On ne saurait dire de Luce qu'il soit vraiment pointilliste. Il pratique plutôt une large division de tons. Malheureusement la lourdeur déplaît dans cet artiste bien doué du côté de la vision lumineuse. Ce défaut ne se corrige point et choque davantage dans l'estampe. En outre, il cherche à faire un exact fac-simile de sa peinture qui déjà pesante à la toile, écrase le papier. C'est dommage, car il y a chez Luce de la conscience et un vrai tempérament.

(1) Notamment dans *Le Mouvement Idéaliste en peinture*, précédemment indiqué.

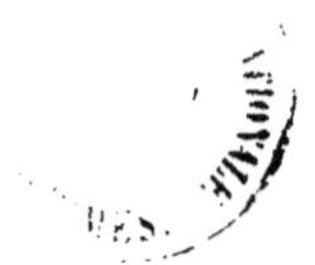

Aussi personnel, mais plus distingué, apparait Signac. Sa division
de tons est accentuée davantage, cependant les tonalités restent fines,
et leur agencement harmonieux. *En Hollande,* une vue de canal
par un temps de brouillard, est d'un vaporeux délicat, en même
temps que très estampe. L'impression de nature demeure réelle, et
l'ensemble est d'un aspect qui charme.

Cross est le plus catégoriquement et formalistement pointilliste,
d'un point rond, voulu, sautant à l'œil. Ainsi frappe son estampe
de l'album Vollard, où se remarquent néanmoins du décor, une
simplicité des couleurs et un arrangement des lignes.

WILLETTE. — FORAIN. — PUVIS DE CHAVANNES. — RODIN. SISLEY. — GUILLAUMIN.

De Willette — le *Petit Chaperon rouge.* C'est moins une vraie
tentative en couleurs qu'une lithographie rehaussée, mais avec
finesse, comme on pouvait l'attendre du si charmant et délicat artiste.

Peut-on également considérer autrement que comme un intérêt
porté à l'estampe colorée, les lithographies en noir et sanguine
où Forain continue ses qualités de dessinateur nerveux et incisif ?

Et nous signalerons, à titre de curiosité, l'essai fait par Puvis
de Chavannes : une lithographie monochrôme d'après son *Pauvre
pêcheur,* pour la deuxième série de Vollard.

Dans le même album, une lithographie de Rodin, ou, à plus justement parler, d'après Rodin. C'est le triomphe du fac-simile. Au
point de vue de l'estampe, moins une œuvre originale qu'une restitution chromolithographique excessivement adroite due à l'imprimeur Clot. Le dessin de Rodin était une sepia diluée où, dans
une ligne encerclante, le maître sculpteur enfermait un curieux et
précis nu de femme. Tout l'intérêt, indissoluble dans une vraie
estampe originale en couleurs, se divise ici entre l'œuvre primitive

de l'artiste, et d'autre part, la perfection technique du travail de reproduction.

A la même catégorie appartient une lithographie en couleurs, véritable tour de force de métier, exécuté toujours par Clot, d'après un pastel clair et lumineux de Sisley.

Plus caractéristique, en sa brutalité malhabile encore mais chercheuse, éclate la *Falaise*, de Guillaumin. Une *Tête d'enfant* de lui rappelle sa peinture, mais en des divisions de tons larges et visant à l'estampe...

Tous ces essais ne constituent pas de réels documents pour la marche de la production originale dans la lithographie en couleurs. Mais c'est une indication précieuse sur l'attrait de ce mouvement. Il faut qu'il soit bien fort et très répandu, pour que de tels artistes occupés, et maîtres ailleurs, daignent, ne fût-ce qu'accessoirement ou indirectement, s'y intéresser. C'est une preuve plutôt en faveur de sa vogue qu'un appoint efficace à sa direction.

En tous cas, nous doutons fort, pour notre part, qu'il appartienne à ces maîtres d'âge mûr et d'ample carrière faite, certains même d'une haute gloire consommée, de créer véritablement la lithographie en couleurs. Ils céderont à une atmosphère ambiante, n'y verront qu'un passe-temps. Tandis qu'il faudra, au contraire, des artistes pleinement convaincus, des tempéraments neufs, s'éveillant, qui trouveront là un mode adéquat à leur inspiration. Pour ceux-là, l'estampe en couleurs ne sera point une amusette légère mais une occupation sérieuse et essentielle. Elle comptera pour leur émotion comme intensité de moyen de s'exprimer, aussi bien que matériellement elle occupera dans le total de leurs œuvres une place nombreuse. En un mot, elle sera pour eux, non l'incursion fugitive d'un moment, mais la pleine conquête en terrain vierge — ils s'y créeront un personnel domaine. Ensemble qu'un révèlement d'art, ils y trouveront un procédé qui leur paraîtra amplement suffisant, et que par l'usage ils agrandiront encore en le perfectionnant.

ODILON REDON.

Cependant, à ce que nous avançons des artistes réputés, nous apporterons une réserve en faveur d'Odilon Redon. Il semble qu'en l'ordre d'idées envisagé par nous, l'extraordinaire lithographe qui a manœuvré si intensément le blanc et noir, doive encore occuper une place particulière. Jusqu'à présent, Odilon Redon n'a produit que deux estampes en couleurs. L'une, la *Beatrice,* en des teintes atténuées presque vaporeuses, avec son charme fin, demeure hésitante. Mais, l'autre, la *Sulamite,* franchement conçue et harmonieusement hardie de tons, est une trouvaille, un aspect nouveau et personnel donné à la lithographie en couleurs. Ce n'est point la copie, mais un équivalent des pastels, où le fusiniste sévère d'autrefois, recherche actuellement de belles tonalités d'une fraicheur limpide et nuancée.

Dans cette voie de la couleur, où il semble se complaire en des procédés différents, on peut réserver une attente pleine d'espoir envers un artiste de prime ordre comme Odilon Redon.

AURIOL. — LEGRAND. — MOREAU-NÉLATON. — MUCHA. — MARCEL LENOIR. — AMAN-JEAN. — RÉALIER-DUMAS. — GUILLOUX. — ELIOT. — CHARPENTIER. — DILLON. — CÉZANNE. — LEHEUTRE. — BLANCHE (J.-E.)

Quelques noms encore peuvent être signalés comme éveillant à divers titres la curiosité.

Auriol est sans doute l'artiste qui, actuellement, en France, joue le mieux de la typographie originale et ornée. Ses décorations pour la *Revue Encyclopédique,* sa couverture pour l'*Image,* de l'éditeur

Floury, et notamment celle pour l'*Estampe et l'Affiche* sont extrêmement réussies. Auriol s'est également essayé dans la lithographie en couleurs. Comme Rivière, il affectionne les teintes plates. Il les entoure souvent d'un cerné, et les empreint d'un aspect décoratif.

Que dire de deux tentatives d'après des pastels de Louis Legrand par Albert Bertrand ? Que c'est de l'estampe de réproduction polychrôme, tout comme elle existe en noir. L'une d'elles, légère, un peu floue, est particulière comme effet et vaut d'être examinée curieusement. Le tempérament personnel de Legrand semble demeurer plus à l'aise dans le blanc et noir de l'eau-forte, où il est maître, sachant bien son métier, et soucieux de belles épreuves.

De Moreau-Nélaton, sous le titre d'estampes murales, des affichettes. L'artiste y conserve son dessin austère d'un réel effet concentré, dans des gammes extrèmement sobres. Certaines, comme *Ellas*, se piquent d'une vivacité plus grande de tons.

Mucha, dont on a dit qu'il était « un affichiste aimable », a transporté son genre dans quelques estampes et calendriers. La chomolithographie a fait une proie facile et toute désignée de cette production abondante et fade, visant à l'afféterie.

M. Marcel Lenoir a produit également des estampes au tirage terriblement compliqué, triomphe du chromo, avec 15 ou 18 passages sous la presse : or, grenat, et toutes les couleurs de la Saint-Luc. C'est un effort plutôt qu'un effet.

Aman-Jean a transposé dans la lithographie en couleurs le genre de sa peinture : des linéations contournées, des teintes de tapisserie passée, aussi une certaine élégance.

Réalier-Dumas s'est exercé dans les teintes plates, avec un ressouvenir bien voisin de l'affiche pure, — ainsi son *Napoléon*.

Guilloux, dans la note des aspects sommaires mais caractéristiques de ses premiers essais, fit jadis une lithographie intéressante en couleurs pour la publication de Marty.

Eliot a donné quelques estampes nuancées, mais sans parti pris nettement prononcé, ni aspect frappant.

Charpentier, que souvent retiennent ses étains, a, dans sa suite de lithographies polychrômes *En Zélande,* mélangé à des teintes plates de gamme pâle, une gaufrure s'accordant pour former ensemble. C'est, utilisés d'une façon propre à l'artiste, les procédés de certaines estampes japonaises.

Dillon parfois a semé de quelques rehauts de teintes légères ses lithographies très travaillées en noir.

De Cézanne et de Leheutre, dans la collection Vollard, des estampes d'après leurs œuvres, qui, ainsi que celles de Rodin et Sisley, déjà citées, peuvent être regardées comme des tours de force de métier formant intermédiaire entre la lithographie vraiment originale et le vulgaire chromo. C'est, ainsi que nous en faisions la remarque à propos de Legrand, en réalité une gravure de reproduction en couleurs.

Blanche a fait une estampe bistre avec un rehaut de rouge en deux ou trois endroits. Plutôt une fantaisie de dessin, non dépourvue d'élégance et d'intérêt qu'une polychromie véritable. On peut y joindre un sujet à teintes claires, dans le premier album Vollard.

Citons encore quelques artistes s'étant intéressés brièvement à l'estampe lithographique en couleurs : Cottet, Rœdel, Lewisohn, Peské, Wagner, Henri Martin, Rippl-Ronaï, Malteste, Rassenfosse, Bellery-Desfontaines, Berthon, Fauché, etc., etc.

ÉDITEURS ET MARCHANDS.

Nous n'avons point à nous soucier ici de l'importance commerciale. Ce qui intéresse, c'est le rôle joué dans le mouvement que nous envisageons, par quelques éditeurs et marchands : le choix qu'ils ont fait de certains artistes, comment ils les ont poussés, les tendances de goût et d'opinion enfin qu'ils ont pu manifester.

SAGOT.

C'est peut-être le plus ancien. Jadis bibliophile, il s'attacha un beau jour à l'affiche, quand ce n'était qu'un placard à peine regardé sur les murs, et s'en fit officiellement marchand. Il se plaça résolument à l'avant-garde et y demeura depuis. Toujours avide de modernités, il s'intéresse à chaque effort nouveau. Il fut un des premiers à s'occuper de Lunois, aujourd'hui recherché par bien d'autres. L'estampe lithographique en couleurs se trouve chez lui en claire et bonne compagnie.

KLEINMANN.

Dans une petite boutique pleine d'intimité, bondée jusqu'au bord de cartons, de dessins, d'estampes, voire même d'étains et de bibelots. Les amateurs et les artistes aiment à y venir fouiller et causer, trouvant chez Kleinmann un goût intelligent et un amour pour sa marchandise. Il est par tempérament un dénicheur de jeunes. C'est une gloire pour lui d'avoir ardemment préconisé, dès la première heure, Toulouse-Lautrec. Chez lui aussi, Willette, Steinlen, de Feure.....

PELLET.

Venu plus tard, Pellet s'est fait rapidement une place importante comme éditeur. Dans sa boutique, ancienne remise aménagée au fond d'une cour, la couleur s'étale victorieusement. Lunois montre son importante suite des *Courses de Taureaux* actuellement en cours ; Signac et Luce, des paysages et des marines. Puis ce sont des Jeanniot ; *Elles*, une série de Lautrec ; les essais de Bertrand d'après Legrand, ce dernier dont l'œuvre est intimement lié à l'effort de Pellet.

VOLLARD.

Certainement un des plus passionnés et des plus remuants pour l'édition de l'estampe, bien qu'il ait été et demeure ensemble marchand de tableaux. Sous le rapport de la lithographie en couleurs, les récentes tentatives de Vollard sont typiques et importantes. Ses deux albums, surtout le dernier, resteront, à ce point de vue spécial, comme de véritables recueils, essentiellement intéressants et des plus complets.

QUELQUES AUTRES.

Ajoutons à cette liste encore des noms. Celui d'Arnould, protagoniste de Mucha et surtout de Marcel Lenoir, desquels il a fait des tirages particuliers et soignés. Puis Moline, Pierrefort, Duffau, Hessèle, ce dernier tout nouvellement établi. On le voit, c'est une pléiade offrant au mouvement polychrome le secours de l'édition ainsi que des débouchés nombreux.

LES IMPRIMEURS (1).

Nous ne pourrons nous réjouir autant sous le rapport des imprimeurs. Non seulement leur nombre est restreint, mais, malgré les qualités indéniables de quelques-uns au point de vue technique, ils ne réalisent point encore l'ensemble de désiderata nécessaire pour faire aboutir pleinement l'estampe lithographique en couleurs. Cependant leur importance est très réelle. Il doit exister entre l'artiste et son imprimeur une communauté intime, ce que Odilon Redon, expert en la matière, caractérisait de ce mot pittoresque : « C'est un mariage ». Le rôle de l'imprimeur, sans empiéter jamais sur celui de l'artiste, doit le soutenir et l'aider, réparer les accrocs, avoir un imperturbable à propos, fondé sur l'habileté et la science appro-

(1) Nous entendons ici par imprimeur, ce qu'on désigne dans le métier par le terme technique plus spécial d'*essayeur*. C'est le praticien d'élite à qui incombe le soin des recherches et tâtonnements pour mettre en train le tirage de l'estampe, terminé ensuite, en cas d'exemplaires nombreux, soit par des ouvriers ordinaires, soit par la machine.

fondie du métier. Enfin il lui faut tout un bagage de qualités physiques et morales. Or si l'artiste n'est point ainsi doublé, indépendamment de l'honnêteté des tirages, il risque d'être trahi dans le rendu matériel de son œuvre. Il n'est pas exprimé comme il le voudrait et comme il doit l'être. Des modifications, des changements arbitraires sont faits en dehors de lui, parfois même contre son désir avéré. On doit comprendre par là l'importance capitale des imprimeurs dans le mouvement qui nous occupe.

Au point de vue de la couleur nous citerons, mettant de côté Bellefond spécialisé dans le noir, les principaux d'entre eux.

DUCHATEL.

Duchatel, sous le rapport artistique, est le renom et le soutien de l'importante maison commerciale Lemercier. Nous n'avons point à parler ici de ses particuliers et remarquables tirages des lavis lithographiques de Carrière. Mais nous dirons qu'il a imprimé en couleurs, notamment des Dulac, des Weber. Instruit et amoureux de son art, il en a publié un simple et très lucide traité (1). On peut attendre beaucoup d'un pareil praticien, doublé d'un esprit curieux et intelligent.

STERN.

Chez Ancourt il fut précédé par un vieux tireur, Cotelle, mort maintenant, qui travailla à l'*Estampe originale* de Marty. Depuis, Stern devint l'essayeur attitré de Toulouse-Lautrec. Il est par ce seul fait amplement qualifié pour concourir aux futurs tirages polychromes. Car il a fait ses preuves maintes fois et à bonne école d'artiste.

(1) *Traité de lithographie artistique* par M. E. Duchatel, essayeur à la Société des Imprimeries Lemercier; Préface de Léonce Bénédite. Illustrations de MM. Buhot, Bertrand, P. Dillon, Dulac, Fantin-Latour, Fauchon, Fuchs, C. Lefevre, Lunois, Maurou, Pirodon, Vogel. 1re Édition à 200 exemplaires, en vente chez l'Auteur, 8, Rue Guy de la Brosse.

CLOT.

L'imprimeur en couleurs le plus en vedette actuellement est certainement Clot. La quasi-totalité du second Album Vollard sort de son officine. Également nombre de pièces importantes de Lunois, Signac, Luce pour Pellet. Clot est intelligent et sait évidemment très bien son métier, il n'est pas hostile à la nouveauté, et nombre de jeunes fréquentent chez lui. Son défaut serait plutôt non le manque d'habileté mais une tendance à se substituer de son chef aux artistes, quand leur personnalité n'est point très marquée et volontaire...

Or l'importance grande que nous avons attribuée à l'imprimeur nous le ferait souhaiter comme suit. A la fois savant et docile : connaissant à fond les ressources de son métier, mais ne l'imposant point à l'artiste. Amoureux de nouveau, il devra se mettre en quête avec les jeunes, ardents et de bonne volonté. A côté des grandes usines d'imprimerie qui s'étalent écrasantes, son officine plus modeste et retirée non pourtant en quartier trop excentrique, deviendrait un asile. Ce serait l'amical lieu de rendez-vous où se concentrerait et s'élaborerait en ses éléments divers ce mouvement encore récent, complexe, toujours chercheur de la lithographie en couleurs. Conseils et entente, ainsi se réaliserait cette collaboration intime et si nécessaire entre l'artiste et l'imprimeur, par laquelle seraient évités les écueils du métier, en même temps que l'inspiration affranchie s'affirmerait plus directe et intense.

LES PUBLICATIONS.

Certes nous avons eu occasion de les citer maintes fois au cours de cette révision. Peut-être sera-t-il utile néanmoins de les rassembler afin d'en apprécier mieux l'importance et l'évolution.

L'*Estampe originale* est la première en date, elle dura trois ans

(1893, 1894, 1895). Cette publication eut le privilège d'ouvrir un renouveau et de donner le branle à tout le mouvement contemporain de l'Estampe. Mais au point de vue particulier de la lithographie originale en couleurs, on peut dire qu'elle a été une révélation, un premier groupement, fécond depuis en nombreux et excellents résultats.

Préfacée par Roger Marx d'un véritable manifeste elle a présenté une belle réunion d'artistes variés et indépendants. Il faut rendre ici à M. André Marty son créateur cette double justice, qu'il a su mener à bien au point de vue matériel une difficultueuse entreprise — en même temps que sa direction intelligente obtenait un précieux résultat d'art, en rassemblant sans parti pris des talents opposés, et en leur laissant la libre disposition de leur originalité propre. C'est une publication désormais immuablement cataloguée dans l'histoire de l'estampe moderne (1).

Les deux Albums des *Peintres-graveurs* et des *Peintres-Lithographes* de Vollard sont venus à quelques années de distance, se former sur les mêmes bases logiques de l'*Estampe Originale*. Certains des artistes du début s'y retrouvent, et il faut le dire pour la plupart en grand progrès. A ce noyau premier est venue s'adjoindre une pléiade nombreuse. Le dernier de ces albums, au point de vue de la lithographie en couleurs, est une véritable encyclopédie. Sans doute comme dans toute publication de ce genre, les talents ne sont pas égaux, mais on peut dire qu'à peu près toutes les notoriétés actuelles y sont réunies, permettant une comparaison instructive.

L'éditeur Pellet porte à son actif l'importante publication, s'achevant actuellement, des *Courses de Taureaux* de Lunois. Chez lui

_____

(1) L'*Estampe originale* épuisée depuis longtemps fait prime actuellement. La collection complète qui valait au début 450 francs, se paye couramment 600 fr. Même un exemplaire, contenant en outre des essais, a atteint le chiffre de 1.500 fr.

également a paru *Elles*, une série de Toulouse-Lautrec, consa-
crée à la femme contemporaine.

Nous passerons condamnation sur l'*Estampe moderne*. Son aspect
banal et homogène lui enlevant tout caractère artistique, la laisse
au niveau de la chromolithographie commerciale.

Tel est le bilan actuel, nous pouvons espérer que des éditeurs intel-
ligents, des artistes amoureux de leur art vont grossir le prochain
inventaire. A l'heure présente, l'actif Vollard, sans compter deux
publications en noir d'Odilon Redon et de Fantin-Latour, prépare
quatre séries, chacune de douze estampes en couleurs, par Bonnard,
Vuillard, Denis et Roussel.

III

Les éléments épars que nous venons de colliger en cette brève étude, contiennent certains points essentiels, qu'il faut mettre en vedette. De ce mouvement de la couleur nous saisirons mieux ainsi les caractéristiques et le sens. Après les avoir analysés, expliqués, si faire se peut, dans leurs causes avouées ou secrètes, nous tâcherons d'en tirer des conclusions valables pour l'avenir.

Au premier plan s'impose cette facile constatation que nous indiquions déjà au début de notre travail. Parmi ce renouveau général de l'estampe qui va s'épanouissant (1), la lithographie en

(1) C'est ce que Louis Morin, dans ses *Carnavals Parisiens* (Paris-Montgredien et C·) signale d'une façon humoristique. « ..... Jadis dans les palais des princes, la fresque se déployait, seule, le long des murailles. A l'âge de la fresque a succédé l'âge du tableau....: le tableau était fait pour l'appartement, devenu trop exigu pour la grande décoration..... Aujourd'hui..... C'est l'âge de l'estampe et de l'image qui commence. »

Sans toutefois que nous partagions cette opinion peut-être un peu paradoxale de l'auteur : « Et le tableau va disparaître, ou tout au plus ne sera-t-il que l'original, le modèle de la gravure en couleurs victorieuse — l'estampe ». P. 178.

couleurs conquiert rapidement chaque jour une place sans cesse plus importante. Elle a pris comme une traînée de poudre d'un bout à l'autre des générations de peintres. Ne la voyons-nous pas occuper activement les jeunes, — Toulouse-Lautrec, Bonnard, Vuillard, Rivière, Lunois, etc., en même temps qu'intéresser les Puvis de Chavannes, les Rodin, les Guillaumin. Sa diffusion a été aussi abondante que prompte, elle va même, avouons-le, jusqu'à l'engouement. En revanche peut-on dire que l'originalité ait égalé le nombre, que l'usage du procédé fut toujours intelligent et personnel? Encore que la production soit parfois véritablement marquante, il faut ici user de sages réserves, et dans l'intérêt même du mouvement que nous préconisons, modérer une laudation exagérée et intempestive.

A notre époque, en la lithographie, comme dans toute l'estampe en couleurs, il y a une bifurcation de tendances provenant de deux principes opposés. Le premier — néfaste à notre sens, disons-le tout de suite — nous le définirons d'un mot : le *facsimile*. C'est la virtuosité, l'habile pouvoir, pour ne pas dire manie, d'imiter non la nature, mais la réalisation d'art qui en a été déjà effectuée. C'est l'éternel tour de force des gens de métier, qui est inutile et répugne aux vrais et originaux artistes, lesquels ont autre chose, plus et mieux à dire, qu'à faire rendre à un procédé, avec une exactitude relative, et souvent une difficulté surajoutée, ce qui appartient essentiellement à un autre. Or une part du courant lithographique en couleurs tend à poursuivre le plus possible l'aspect de la chose peinte. Erreur fondamentale, dont nous voudrions indiquer, selon nous, les causes déterminantes et diverses qui y poussent les éditeurs, les artistes et les imprimeurs.

Au fond, le marchand et l'éditeur, sauf de rares exceptions, restent surtout à l'affût du goût du public, ils le surveillent, ils le flattent. Et malheureusement, l'opinion intime actuelle d'une grande partie de la masse est que par la reproduction on lui donne une chose presque aussi valante que l'original et qu'il paye infiniment moins cher. Quant à vérifier l'idendité de cette équivalence, si l'on ne reste froidement au-dessous d'une œuvre conçue dans un autre but et exécutée avec des procédés différents, elle ne semble pas en avoir cure ou plutôt n'est point encore assez éclairée pour s'en rendre compte. De là cet engouement envers des fac-simile de pastel, d'aquarelle, voire même de pure peinture.

Chez nombre d'artistes — nous mettons de côté ceux qui mercantilement subissent telles quelles les demandes de la foule, — pour n'envisager que les convaincus, voici ce qui paraît se passer. D'une part leurs occupations habituelles leur mettent dans l'œil un aspect qu'ils sont accoutumés à réaliser avec de certains matériaux. Ils ont fait et font toujours de la peinture, il leur semble que le nouveau procédé qu'ils abordent n'a d'autre but que de rendre de près ou de loin la vision et la valeur de leurs travaux de chaque jour. En outre ils ont l'ignorance souvent des limites du champ d'action où ils pénètrent, tout comme aussi des ressources qu'il peut recéler, parfois s'y étant jetés brusquement avant de l'avoir approfondi et aimé. Ce métier bien vite ils s'y rebutent, ou se laissent prendre aux ficelles d'un imprimeur, rompu à la technique. Puis la paresse s'en mêle : il est sitôt fait de donner quelque bout d'étude sur nature, figure ou paysage, un morceau de toile achevé dans son genre que le manœuvre va reproduire aussi exactement — à distance néanmoins — qu'il pourra.

Car là repose enfin le dernier nœud de la question. C'est que les imprimeurs, eux, sont poussés au *fac-simile* par deux motifs naturels et très explicables. D'abord certains d'entre eux ont fait, et pendant longtemps, de la chromolithographie. L'estampe originale en couleurs est née d'hier seulement. Or, le tour de mains acquis agit sur la mise en train et l'aspect de la besogne. L'impri-

meur possède de la sorte une supériorité à lui, un moyen matériel
indiscutable de se mettre en valeur. D'autant il compliquera le
tirage et plus il fera ressortir l'importance de son aide. C'est ainsi
qu'il est non-seulement heureux de faire parade de sa sérieuse et forte
technique, mais encore pressé d'utiliser les trucs appris ou trouvés.
Il en profite pour imposer son savoir dogmatique de simple chromo-
lithographe, soit en médusant l'artiste par des obstacles de matière
gênant son inspiration — ou, au contraire, en l'éblouissant par
des tours de force tout faits. Quoiqu'il arrive, le résultat est le même
— l'artiste lui livre son œuvre mal conçue au point de vue du procédé spécial, parfois atteignant un but contraire et que l'imprimeur
accommode et interprète plus ou moins fidèlement.

L'autre principe apparait tout opposé. C'est celui, heureusement, qu'ont choisi, par la force même de la logique, les artistes
vraiment originaux et intéressants. Il consiste à concevoir directement le sujet en tant qu'estampe, et qu'estampe en couleurs.
Qu'on nous comprenne bien. La lithographie originale polychrôme, d'après les caractéristiques de son métier, possède un
champ d'action qui lui est propre, des ressources ainsi que
des limites qui lui sont inhérentes. Donc, conceptivement comme
techniquement, l'artiste aura à tenir compte des moyens mis à sa
disposition, s'en satisfaire à la fois et s'y enfermer. — Traçons s'il
se peut une vue générale et brève de ce qu'il nous semble à ce
sujet.

La lithographie en couleurs est une estampe, donc les lois générales de celle-ci doivent lui être appliquées. Quelles sont-elles ? Logi-
quement et nécessairement nous les trouvons dans l'essence même
de l'estampe : simple feuille de papier, où par un tirage mécanique
un dessin est reproduit à nombreuses fois. Le support n'est ni
aussi solide et vigoureux que pour la peinture à l'huile, de même
que le procédé n'en a pas les richesses abondantes et profondes. Il

ne possède point non plus le grain et le brillant du pastel, le pénétrant intégral et léger de l'aquarelle. Il ne saurait prétendre davantage aux imperceptibles finesses d'un dessin original. En effet le tirage mécanique, si parfait soit-il, enlève les menues délicatesses, les accents de touche où le coup de doigt de l'artiste transmet directement sa sensation, en dehors de tout métier précis et sans être gêné par rien. Il semble donc pour ces motifs que l'estampe ait à redouter les recherches ambitieuses et que la simplicité des moyens empruntant moins de part active à l'intermédiaire doive la favoriser.

Or, nous nous trouvons, en outre, devant le procédé spécial de la lithographie polychrôme. Il a tout ensemble ses avantages et ses écueils propres. La couleur permet des recherches et des effets différents du simple noir et blanc. Mais d'autre part les tirages successifs appesantissent les teintes qui ne se pénètrent pas intimement, se superposent plutôt en transparence. Il est donc indiqué qu'on évite les mélanges excessifs aboutissant aux fadeurs prétentieuses du chromo. La polychromie moderne conserve avantage à s'en tenir aux teintes largement agencées, dans une simplicité de tons, visant plus à leur harmonie d'ensemble qu'à leurs nuancements compliqués. Si l'on peut dire que l'affiche est une estampe de vaste format, la lithographie originale en couleurs par son origine naissante reste encore rapprochée de sa grande sœur (1). Avec toutefois le correctif de but et de points de vue spéciaux : faite pour être maniée et contemplée de près elle comporte légitimement

(1) Il est à noter d'ailleurs que plusieurs des artistes que nous avons signalés ont réussi non seulement dans l'estampe en couleurs, mais concurremment dans l'affiche. Citons entre autres, Toulouse-Lautrec, avec *Jeanne Avril*, le *Divan Japonais*, sa remarquable *Babylone d'Allemagne*, etc. Bonnard : *France-Champagne*, la *Revue blanche*, l'*Estampe et l'Affiche*. D'Ibels, *Mévisto*, *Irène Henry*, le *Champ de Foire*, etc. De Maurice Denis : la *Dépêche de Toulouse*.

une recherche et un affinement plus grands. Sous le bénéfice de cette latitude l'estampe originale se complait dans un jeu de couleurs et de lignes synthétisé, ornemental même. La gamme peut en être claire, gaie, très vive même sans néanmoins l'éclat bruyant, qu'autorise ou plutôt impose le but utilitaire de l'affiche. On s'intéressera à un jeu large de colorations sincères où l'œil puisse s'étaler nettement, d'un regard. Les lignes trop compliquées, un travail emmêlé, des finesses insaisissables d'atmosphère ne semblent point de son ressort. Vaine, nous l'avons dit, serait la lutte avec les variées et moëlleuses ressources de l'huile pour un parfait et délicat modelé, non plus qu'avec l'éclat du pastel, ni le fondu de l'aquarelle.

Mais en revanche le côté impression un peu plat, se marie bien avec le papier, sans le trop charger, garde une saveur particulière. On peut en apprécier tout le charme, quand ainsi que les Japonais, sans chercher le trompe-l'œil, on réjouit la vue par des gammes franches de tons, unies au décoratif élégant des lignes. Mais il faut bien le dire, cette simplicité des moyens nécessite de réels artistes. Toutefois point ne manquent de nombreuses ressources de métier. Voyez Lautrec, par exemple, pour y revenir. Il emploie dans ses estampes un peu de tout : teintes plates, lignes cernantes, taches vives, crachis, traits de plume déliés, etc. Mais si originalement triturée qu'elle soit son œuvre demeure toujours une vraie estampe en couleurs. Nous la définirons ainsi : une feuille de papier décorée de teintes et de lignes qui en font partie sans la dissimuler ni l'alourdir. Ce n'est ni le fac-simile ni le succédané de la peinture, c'est un autre procédé avec certains éléments en moins, mais d'autre part un charme propre, une équivalence d'art et l'avantage appréciable d'un tirage à exemplaires nombreux.

Notons en passant que parmi les procédés en couleurs modernes, la lithographie parait avoir jusqu'ici produit dans le mouvement actuel des résultats plus divers et présenté des ressources plus riches. Le bois et l'eau-forte gardent dans certaines œuvres un aspect un peu similaire, il semble parfois qu'on puisse les employer presque indifféremment, sans accentuation particulière très marquée, en usant des teintes plates et des lignes cernantes. La lithographie avec moins de mordant dans les traits a plus de chaleur, de variété et de profondeur, se prête mieux peut-être à des effets différents et nuancés tout en gardant bien le côté estampe (1).

Mais là, ainsi que dans les indications tracées plus haut, nous n'avons point l'intention de poser des bornes imprescriptibles. C'est un aperçu large, non un code immuable pour arrêter les volontés et contraindre les tempéraments. Chaque artiste possédant son émotion et son tour d'esprit doit choisir et approprier tel mode matériel à sa personnalité, ainsi qu'aux effets particuliers qu'il veut produire. En outre, l'ingéniosité, les trouvailles techniques, toute cette marche en avant peut et doit modifier perpétuellement l'usage des procédés...

Mais il est une autre question d'ordre très différent et qui nous paraît nécessaire à envisager. Quelle place l'estampe en couleurs, notamment la lithographie plus facile et économique, peut-elle prétendre à jouer dans notre ordre social actuel, et les tendances qu'il manifeste ? Nous vivons en un temps qualifié démocratique.

(1) On peut cependant nous objecter avec éloges, et nous objecterons de nous-même que les estampes japonaises précédemment citées sont des bois. Que d'autre part, près de nous, Mary Cassat a produit des pièces remarquables à la pointe-sèche en couleurs. Sous le même rapport Raffaelli est peut-être plus typique encore : ses planches nombreuses pour la même estampe sont toutes taillées par lui et reposent généralement sur le principe d'encres différentes pénétrant les incisions, ce qui est le fondement de la gravure, plutôt que d'user de teintes posées à plat sur le cuivre.

Notre confrère M. Georges Lecomte prépare actuellement un travail sur la gravure en couleurs : eau-forte, pointe-sèche, etc., qui élucidera plus complètement ces points intéressants

Bien gros mot où chacun vient entendre ce qu'il veut ! Si l'on y cherche l'égalité sous un niveau commun, c'est la mort même de l'art, car on peut rabaisser les plus hauts, on n'élèvera pas au suprême degré les infimes. Ce serait le triomphe de la médiocrité. Mais, il est un autre mode de démocratisation digne de séduire des esprits raisonnables et généreux. C'est, sans avilir la personnalité de l'artiste, arriver, grâce aux moyens que la science nous donne, à mettre, pour des prix très modiques, de véritables œuvres à la portée d'une foule de plus en plus considérable. Voilà, pensons-nous, avec le désir de purifier sans cesse davantage le goût général, tout ce qui peut et doit être fait dans ce sens. La reproduction chaque jour perfectionnée des chefs-d'œuvre des musées, devenue maintenant accessible à tous, est une belle et éternelle école (1). A la condition toutefois que nous en comprenions l'enseignement essentiel qui est d'éclairer l'esprit, non de l'asservir. Or il n'est pas moins vrai que nous vivons à une époque, que nous en partageons les élans, les erreurs même si vous le voulez et les préjugés, mais c'est la vie de nos moelles, non un vernis factice composé avec des résidus de peuples morts. L'antiquité ne demeure vraiment pour nos temps modernes que par la portion d'humanité toujours la même qui respire en elle et en nous. C'est ainsi qu'à côté des œuvres d'art ancien qui, quoi qu'on en dise, nécessitent une initiation, la masse trouvera dans la représentation de ses sentiments quotidiens

(1) Rappelons à cet égard l'utile article de M. Charles Saunier, la *Chalcographie du Louvre*. (*L'Estampe et l'Affiche*, N° du 15 novembre 1897). « Faut-il vraiment être si riche pour posséder des œuvres qui ne jurent pas avec le goût le plus élémentaire, qui distraient les yeux et imposent à l'esprit une idée de beauté. Nous allons prouver que non... Appeler l'attention des gens de goût et de modique bourse désireux de posséder d'absolues belles choses sur une revue de chefs-d'œuvre qu'il sera facile d'exploiter.

Leurs achats seront parfois de moins d'un franc, plus souvent de deux à cinq francs, très rarement d'un peu plus. Pour une modique somme ils auront donc des œuvres capitales...

Cette mine de trésors est la chalcographie du Louvre ».

un aliment plus direct, plus facilement assimilable et qui l'amènera au passé.

Or, presque immédiatement, le tableau, la statue, toutes choses à valeur d'exemplaire unique, par leur rareté, la matière, la difficulté d'établissement, deviennent des desiderata coûteux seulement accessibles à un nombre restreint. Que reste-t-il? L'estampe, et l'estampe originale. Sa valeur d'art est un principe incontestable. L'abondance des tirages, la modicité de prix, la mettent à la portée de la masse. Et l'on ne saurait nier qu'à côté des grands collectionneurs, amateurs parfois d'art mais souvent aussi simples disputeurs d'objets chers par vanité pure ou agio dissimulé, n'existent d'ores et déjà de nombreux représentants de la classe moyenne qui consacrent des loisirs, une portion de leur intelligence et de leur argent à fureter, s'intéresser, acheter. Des couches profondes et qu'un rien étendrait au simple peuple s'ébullitionnent pour un art, non parfait sans doute, mais déjà plus affiné. On arrive à distinguer et abhorrer le chromo pour préférer l'estampe originale. Or la possession en même temps qu'elle instruit, rend la passion plus ardente et la recherche plus active. Petit à petit sous l'effort des artistes, des éditeurs, des revues, par le grandissement intellectuel d'un public rendu conscient, le groupement se ferait plus nombreux avec des idées plus nettes, demandant seulement qu'il est, de se voir encouragé, éclairé, aidé.

Mais, dira-t-on, pourquoi l'estampe en couleurs plutôt qu'en noir? Faut-il prétendre que ceci tuera cela. Non, certes! Et ne voyons-nous pas un vieux maître Fantin-Latour, un peintre de si joli coloris, lui demeurer obstinément fidèle dans l'estampe, malgré les séductions ambiantes et les sollicitations directes. Pour notre part personnelle, nous estimons qu'une simple lithographie en noir de Odilon Redon, à s'en tenir aux modernes, contient un summum d'art. Et si l'on se reporte aux anciens, qui prévaudra jamais contre un Dürer ou un Rembrandt. Nous dirons même qu'il y a dans cette sorte d'estampe, où entre parenthèse, on peut être suprêmement coloriste dans l'acception essentielle du terme — tout comme dans un dessin pur, un je ne sais quoi de plus simple, de plus austère qui sera toujours le pain des forts...

Mais il est une question de fait. Au point de vue de la diffusion artistique, c'est la masse qui vient à l'estampe et trouve dans la couleur un côté plus accessible, plus direct, plus amusant. Le blanc et noir correspond, qu'on le comprenne bien, à une abstraction, s'appuyant seulement sur certaines qualités du concret. Or, la faveur du public contribuera encore beaucoup par la loi de la demande à augmenter la production polychrôme, où intellectuellement, par les influences diverses que nous avons indiquées, les artistes sont déjà sollicités.

Et jusqu'à la science elle-même, qui de nos jours, soucieuse d'une perpétuelle hygiène, semble y pousser. Après avoir troué les larges boulevards et les saines avenues, elle veut la lumière à flot dans nos maisons, et elle préconise la gaîté, cette santé de l'âme, même comme un remède physique. Or, lumière et gaîté n'est-ce point précisément la couleur? En outre, il y a cette fameuse décoration usuelle de nos intérieurs, qu'on poursuit si justement comme but, si faussement et si maladroitement comme applications. Certainement la lithographie polychrôme, sans rien usurper à la peinture, tient le cadre, se marie à des ameublements simples et de bois naturels d'où la dorure est exclue. On pourrait presque dire des affiches de Chéret ou des estampes de Rivière, qu'elles sont la fresque sinon absolument du pauvre, au moins de la foule.

Quel sera l'avenir de la lithographie originale, lié d'ailleurs au mouvement général de l'estampe en couleurs? Matériellement, on peut le prévoir fécond. Mais comment aboutira-t-il au point de vue artistique? Il est très présumable que l'engouement va grandir encore et deviendra torrent. L'abus a déjà commencé et continuera.

Que prouve-t-il contre une chose même ? Rien, puisqu'il est partout dans l'humanité. Mais en revanche de réelles œuvres déjà produites, de véritables artistes manifestés, permettent de saluer, sans compter l'inconnu qu'ils présagent, une floraison particulière et marquante de l'époque. Pour ces derniers, que suit notre vive sympathie, puissions-nous avoir, par cette étude, éclairé un peu la question et signalé quelques écueils. Ceux-là, seuls, au fond sont intéressants, et seuls resteront, formant, leur nombre est déjà suffisant, une date dans l'histoire de l'estampe, par conséquent de l'Art.

A. M.

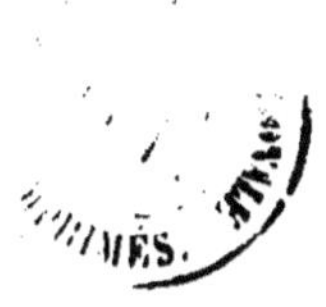

INDEX DES NOMS CITÉS

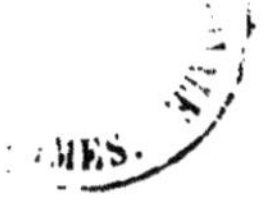

TABLE

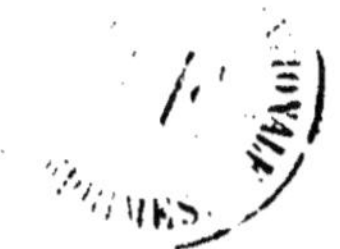

ACHEVÉ D'IMPRIMER

LE 30 MAI 1898

POUR L'ESTAMPE ET L'AFFICHE

PAR LA

SOCIÉTÉ TYPOGRAPHIQUE

DE

CHATEAUDUN